Selenia última

2ª Edición

Selenia última
© Nicolás de Marco, 2021

Impresión y editorial: BoD – Books on Demand
info@bod.com.es - www.bod.com.es
Impreso en Alemania – Printed in Germany

ISBN: 978-84-1326-921-4

2ª Edición

Nicolás de Marco

Selenia última

MIENTRAS SE ESPERA EN EL ANDÉN CREPUSCULAR TU LLEGADA

el reloj marcará el triunfo de los ensueños que propagas

ENSUEÑOS QUE NOS INVADEN

cuando tu recuerdo resuena

cada vez que naces en el horizonte

en estos alargados días,

para perecer ante la luz más nívea

y desvanecerse en la memoria

y no regresar íntegros jamás,

definitivamente,

ni un segundo siquiera en esta vida.

SOLO SÉ PENSAR EN TI

cuando la noche se e   s   t   i   r   a

Nace mi secreto

cuando la luz se

aparta

En el silencio claro

tu figura se d i f u m i n a

Y solo en la cerrada oscuridad

se distingue tu silueta con

NITIDEZ.

UNA COMETA NAVEGANDO LIBRE

entre la noche deslustrada

no puede perderse profunda

entre las nubes turbulentas

de la estratosfera

si flota hinchada

al arrullo de la Luna

como la cola vívida del urogallo

abanicando este aire que se ha sembrado

entre garabatos y trazos crepusculares.

TÚ, QUE CONOCES ESA SUAVIDAD COMPARTIDA

entra las más tenues horas del crepúsculo

conoces esa misma ligereza liviana que vuela

aviesa entre las palabras que solo yo propago.

interrumpes con tu plata titilante el contraste en la noche silenciada por el rubor de los planetas ante este candor que se reinicia sin fin

ME QUIEBRA EL CORAZÓN OBSERVARTE

en lo alto de lo obscuro:

tan alejada de mi tacto

tan vívida en mi ensueño

tan reconfortante utopia.

Y yo, tan inestable y lunático.

LAS PALABRAS QUE EVADEN EL FILTRO DE LA BOCA SELLADA

se remueven en el aire como quien sopla sobre azufre.

Las letras que se tatúan en el recuerdo imperecedero

se transportan extendidas como sábanas entre nubes.

No se necesitan más piedras que los susurros lanzados a
[bocajarro

ni más coros que las voces expelidas en el crepúsculo
[compartido.

No hay abrazo más férreo que el valor reflejado en otros labios

ni rúbrica más firme que haber recorrido un camino y un mismo
[barro.

Cuando la razón sincera ata con sus cadenas de eterna noche

no hay más sonido que su eco ni hay más fuerza que su propio
[broche.

ESTILIZADA SILUETA DE BLANCA PUREZA:

¿Quién pudiera abrazarte sin sajarse

con tu filo de nieve nocturna?

¿Quién se atrevería a pasarte un capote

entre los extremos de tu cuerpo menguante?

Orgullosa e inmaculada, tan rellena de energía,

en tu pugna contra el día, infinita y brava, posas.

EN LA PLEAMAR DE NUESTRO DESENCUENTRO

se jacta tu armonía

con el despecho de conocerse infinita,

sempiterna.

En la marea del embrujo que extiende

tu halo evanescente

sin recelo para abandonar al sino vacío

del firmamento

Es la resaca el embate camaleónico

en el engaño de tus cuerpos

engalanados de destello como un señuelo

contrito en la noche

EMBRUJO DE LUNA EMBRUJO DE LUNA EMBRUJO DE LUNA EMBRUJO DE LUNA EMBRUJO DE LUNA EMBRUJO DE LUNA EMBRUJO DE LUNA EMBRUJO DE LUNA EMBRUJO DE LUNA EMBRUJO DE LUNA EMBRUJO DE LUNA

SALE A ALUMBRARSE EN LA NOCHE

con el destello contenido
de la luna recortada

Se engalana con su espumillón de plata
para que brille agitado
y mecido por los vientos

Desde la azotea del mundo
su compañera la mira
y se mira

Viene una ola, vienen una ola,
y otra, y otra,
es la mar nocturna que no duerme

No hay nana que acune a las mareas,
no hay susurro que acalle
las corrientes

AY, SI DE DÍA EMERGIERA LA LUNA

y el Sol se olvidase de la Tierra

Ay, si al acabar la noche

se postergase la Luna

no se despertarían las flores

TE HAS ECHADO EN LA CAMA

despreocupado

La ventana abierta un poco,

has descorrido las cortinas

Vives alto, ¿quién puede observarte?,

y son bonitas las estrellas

Sueñas a voces y se te escapan,

¿quién atenderá tus anhelos?

Nadie que duerma

te escucha

Salvo la Luna,

que hace recuento en la noche

UNA VEZ INTENTÉ ESCRIBIR UNOS VERSOS LIBRES,

pero era de día

y se precipitaron sobre el papel condenados,

con esposas,

con una bola de plomo agarrada en los pies

¿QUIÉN ANEXA UN ÍNDICE A UN POEMARIO?

¿Quién le pone título a cada pieza?

¿Quién busca límites a la poesía?

¿Quién cuenta las sílabas, hasta las letras?

¿Quién persiste en la búsqueda de la rima?

Verso y noche, ¿quién los detenga?

¿Quién anexa un índice a un poemario?

MEDITAR EN TORNO A LA LONGITUD DE ESTAS LÍNEAS

y perderse entre su mítica fuerza,
entre su contradictoria proporción,
como si el último selenita
rompiese su préstamo con la Luna.

Quebrar, por fin, un dolor de extremos,
y como un lucero posarse entre los picos
de un cuarto menguante para
acomodarse con la inquietud
de quien espera un último eclipse celestial.

Con el sigilo del penar profundo,
del fuerte yerro -de la tenaza que aprieta
sin remisión- dejarse abrazar
mientras la mirada se clava en el firmamento.

Y observar, con la retina fija hacia lo eterno,
como desde sus cráteres plateados
llega un cantar trémulo con su esperanzado adiós...
Adiós, adiós...

¡Adiós...!